EL ANÁLISIS PESTEL

Asegure la continuidad de su negocio

Por Guillaume Steffens
En colaboración con Anne-Christine Cadiat
Traducido por Marta Sánchez Hidalgo

Economía y empresa

en50MINUTOS.es

LAS CLAVES PARA EL ÉXITO

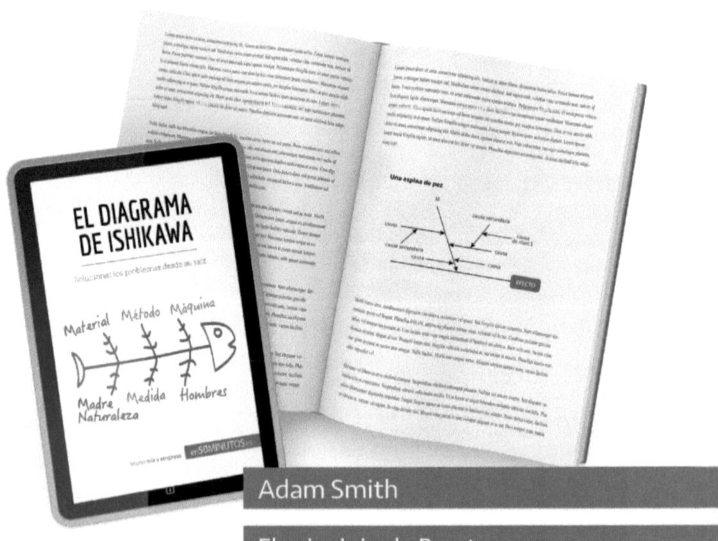

www.en50minutos.es

EL ANÁLISIS PESTEL

- **¿Denominaciones?** Modelo PESTEL, análisis PESTEL, análisis PEST, o *PESTEL analysis* en inglés.
- **¿Utilidad?** El análisis PESTEL permite al mánager listar los principales factores macroeconómicos que tienen una influencia potencial en la evolución del futuro de la empresa.
- **¿Por qué es eficaz?** La identificación de futuras variables macroeconómicas de interés y la construcción de distintas hipótesis permite al mánager anticipar mejor las decisiones estratégicas que hay que tomar para asegurar el buen desarrollo y la perpetuidad de la empresa.
- **¿Palabras clave?**
  - <u>Ventaja competitiva</u>: ventaja que permite que una organización se distinga positivamente y supere a sus competidores en un sector particular.
  - <u>Coyuntura económica</u>: situación global de una entidad determinada por el conjunto de sus elementos políticos, económicos y sociales.
  - <u>Hipótesis</u>: proyección imaginaria posible en un futuro más o menos cercano.
  - <u>Estrategia competitiva</u>: metodología empleada con el objetivo de maximizar el éxito de una empresa por medio de innovaciones y ventajas superiores a las de la competencia.
  - <u>Algoritmo de pivote</u>: elemento de crucial importancia que puede influir en gran medida en el desarrollo de la empresa.

LA EMPRESA Y SU ENTORNO

Nuestra sociedad actual, caracterizada por un entorno en continua evolución, ha cambiado en muchos aspectos. Adaptarse a un entorno más cambiante y competitivo es hoy en día una necesidad para todo gestor que quiera que su empresa se mantenga a flote y prospere a lo largo del tiempo. El entorno (dimensión macroeconómica) se revela como la fuente de oportunidades y de amenazas para todas las empresas del mercado, independientemente de los sectores de actividad.

De esta forma, anticipar adecuadamente cualquier fenómeno macroeconómico —siempre que esta anticipación permita al dirigente reaccionar con eficacia ante su o sus competidores— proporcionará en poco tiempo una ventaja competitiva directa. Por el contrario, el mánager que subestime un acontecimiento capital en su mercado se encontrará pronto en dificultades ante unos competidores con previsiones más sólidas, puesto que tendrá que enfrentarse a sus estrategias competitivas y ofensivas. Un ejemplo de ello son las empresas que no se han anticipado lo suficientemente rápido a la expansión y a las posibilidades que ofrecía Internet y que han sufrido esta cruel situación a lo largo de este principio de siglo.

Aunque la capacidad de prever ciertos acontecimientos futuros parece ser una de las claves más importantes para el éxito, el buen desarrollo e incluso, en algunos casos, la supervivencia de una empresa, siempre hay alguien que, después de una modificación del entorno, dice que todos los indicadores señalaban ineludiblemente en la misma dirección. Sin embargo, aunque no hay que perder el optimismo, anticiparse a tales indicadores no siempre es tarea fácil.

En este contexto de incertidumbre surge el modelo PESTEL, cuyo objetivo es identificar y analizar las variables macroeconómicas pertinentes para una organización en un entorno determinado.

DEFINICIÓN DEL MODELO

El análisis ha heredado el nombre PESTEL como acrónimo de las iniciales de las seis categorías de variables macroeconómicas (**P**olítica, **E**conómica, **S**ociocultural, **T**ecnológica, **E**cológica y **L**egal) retomadas en el modelo. En un primer momento, permite que el mánager identifique las variables macroeconómicas que tiene que tener en cuenta en el desarrollo de su empresa (oportunidades versus riesgos potenciales) y cuyo grado de realización se mantiene relativamente incierto. A continuación, podrá iniciar la conceptualización de distintas hipótesis basadas en estas variables inciertas para prever mejor el futuro y tomar hoy las mejores decisiones para mañana.

¿QUÉ ES EL MACROENTORNO?

El entorno de una empresa puede dividirse en tres estratos:

- los competidores y el mercado;
- la industria (en el sentido anglosajón, es decir, el sector de actividad de la empresa);

- el macroentorno, último estrato que reagrupa el conjunto de las variables que ejercen una influencia en la mayoría de las empresas, independientemente de su ámbito: político, económico, sociocultural, tecnológico, ecológico y legal (Johnson *et al.* 2008).

Estratos del entorno de una empresa

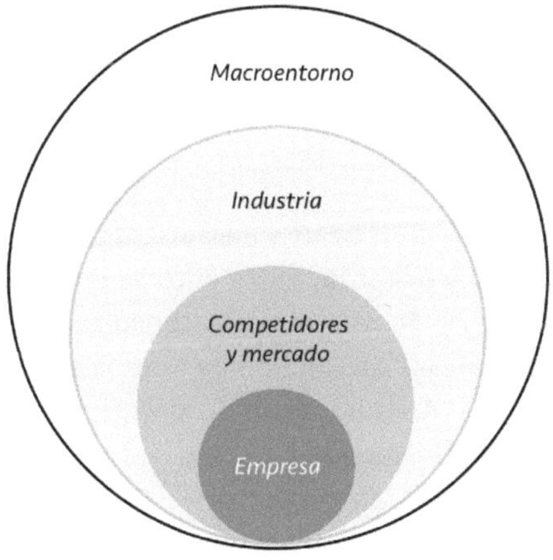

TEORÍA Y PRESENTACIÓN DEL CONCEPTO

CONTEXTO Y CONCEPTO

El origen del análisis PESTEL sigue siendo relativamente impreciso. Sin embargo, algunos autores coinciden en que los primeros rastros aparecen en la obra de Francis J. Aguilar, *Scanning the Business Environment* (1967). En esa época, el modelo se llamaba «ETPS», lo que corresponde con las iniciales de las categorías de las variables macroeconómicas relativas a la economía, la tecnología, la política y las normas socioculturales.

Distintos autores lo utilizan y perfeccionan a lo largo de los años setenta y ochenta. Entre ellos se encuentran Liam Fahey (director de la empresa de consultoría Leadership Forum Inc. y profesor de Gestión de Empresas en el Boston College), Vadake K. Narayanan (profesor de Gestión de Empresas en la Universidad de Drexel) y Arnold Brown (gestor de proyectos de consultoría). De estos diferentes trabajos nacen diversas ampliaciones del modelo inicial: el «PEST», el «ESTEP» o incluso el «STEEPLE». Finalmente, se mantienen las variables suplementarias «ecología» y «legal», desembocando en la denominación PESTEL, hoy en día la más aceptada. Sin embargo, cabe destacar que algunos prefieren reagrupar los aspectos «político» y «legal» bajo la denominación «político-legal», y justifican así el acrónimo PESTE.

La selección de las variables

Se trata de un modelo muy apreciado y utilizado con regularidad tanto en la realización de planes de empresa, de estrategias de producción o de comercialización como en el lanzamiento de nuevos proyectos (por ejemplo, el desarrollo de un nuevo producto en un mercado en el que hasta ese momento no ha invertido ninguna empresa existente), por lo que hay que matizar el enfoque que propone.

El primer objetivo del modelo PESTEL es la identificación de los cambios macroeconómicos ineludibles que podrían tener un gran impacto en el desarrollo de una empresa (en lo que se refiere a sus productos, a su marca o incluso a la integridad de su organización). Por tanto, no se trata de realizar un estudio exhaustivo del entorno externo: el análisis en profundidad de las variables macroeconómicas solo es pertinente si se aplica a una empresa muy definida y con el objetivo de que esta pueda anticipar —a su escala— los posibles cambios.

Solo algunos de los acontecimientos macroeconómicos que tendrán lugar a lo largo de los próximos años ejercerán una verdadera influencia en la evolución de la empresa. Por ese motivo, el mánager tiene que diferenciar entre las variables que pueden afectar directa o indirectamente a la empresa y aquellas que influyen en menor medida en su sostenibilidad a lo largo del tiempo. Por lo tanto, un responsable a la cabeza de una empresa petrolífera no interpretará de la misma forma los recientes descubrimientos sobre el aporte del gas de esquisto que un responsable de una empresa de transporte o de una sandwichería.

Las variables macroeconómicas se han clasificado en seis categorías distintas pero relativamente interdependientes.

Las seis variables del análisis PESTEL

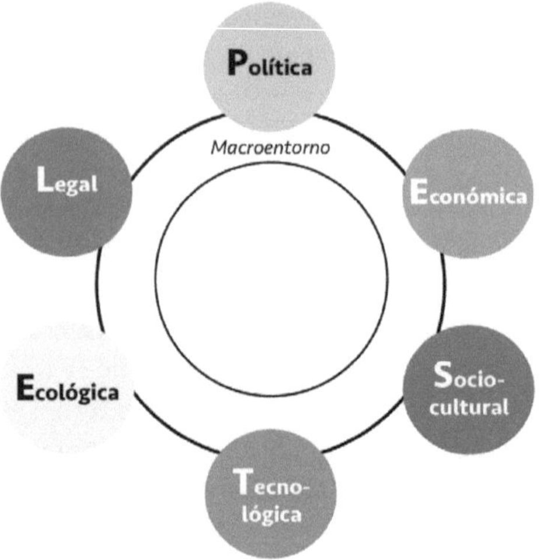

- **Las variables políticas.** Las tendencias políticas de un país (presiones gubernamentales, políticas monetarias, etc.) influyen significativamente en la empresa que decide establecerse en él: los poderes políticos del momento toman con cada vez más frecuencia decisiones que pueden influir directamente en las operaciones cotidianas y en las perspectivas de rendimiento financiero (intereses nocionales, etc.) y social (ayuda al empleo, subsidios, etc.) de la empresa. También hay que tener en cuenta otros elementos, como los conflictos, el nivel de corrupción o el grado de intervencionismo del Estado. Por otro lado, el empresario que lanza una actividad comercial en un país en continuo conflicto gubernamental debe estar pendiente de responder a las necesidades de los autóctonos, que son necesariamente diferentes de las de aquellos que viven en un territorio en el que reinan la estabilidad y la paz. Cabe destacar también que existen instancias, como la Comisión Europea y la Organización Mundial del Comercio (OMC), que rigen las políticas internacionales en materia de intercambios.

- **Las variables económicas.** Aunque para una empresa sea prácticamente imposible modificar la coyuntura económica, nadie duda de que puede prepararse mejor para enfrentarse a estas fluctuaciones. Contemplar la evolución del PIB de un país, de su tasa impositiva y de crecimiento y del poder adquisitivo de sus habitantes resultará primordial para disponer del conjunto de factores necesarios a la hora de tomar decisiones de gestión. El éxito económico de una empresa pasa también por la observación de las cifras clave relativas a su sector y por el análisis de las tendencias en materia de consumo. De esta forma, anticipar una reducción significativa del poder adquisitivo permite que la empresa adapte su estrategia global para minimizar las pérdidas.

- **Las variables socioculturales.** Conocer las características de una población (demografía, pirámide de edades, etc.) para comprender sus comportamientos de compra es indispensable para conquistar un mercado. Además, la historia —raíces y tradiciones— así como las influencias religiosas y socioculturales (moda, medios de comunicación, etc.) de esta permiten perfeccionar el análisis de las necesidades específicas de los individuos que pertenecen a ella. Por ejemplo, los ciudadanos de los países mediterráneos desarrollan necesidades distintas en muchos aspectos a las de sus homólogos de los países bálticos por su cultura, el clima en el que evolucionan o su religión.

- **Las variables tecnológicas.** Muchos expertos procedentes de todo el mundo se dedican hoy en día a intentar revolucionar los procesos existentes. Aunque algunos de estos descubrimientos no influirán en absoluto en el mercado meta, otros podrían alterar todos sus códigos. La revolución de Internet ha sorprendido a más de un mánager, y los que han previsto que su uso iba a ser cada vez mayor han ganado una importante ventaja competitiva. Por ello, parece natural preguntarse por las prácticas de I+D (investigación y desarrollo) y de innovación en negocio principal (el *core business*) de la empresa. Para lograr con éxito una anticipación tecnológica es necesario cuestionar continuamente el producto, pero también el proceso que permite su elaboración y su adquisición por parte del cliente.
- **Las variables ecológicas.** El siglo XXI es una continuación del XX, posicionando la ecología y el desarrollo sostenible en el centro del debate. Actualmente, son muchos los temas que interesan y preocupan a más y más personas, y también a los Gobiernos: el alarmante cambio climático, una contaminación en constante aumento, una clasificación de residuos que varía de un país a otro, etc. A veces, este interés repercute directamente en el mundo comercial. El control del consumo energético o el de los niveles de contaminación son dos ejemplos de muchas otras medidas tomadas por las instancias regionales,

nacionales y/o internacionales que pueden influir en el desarrollo de las operaciones de una organización. Este es el motivo por el que se crean nuevos mercados, como el de productos biológicos.

- **Las variables legales.** Permanecer informado de los reglamentos (derecho de trabajo, deber de comercio, etc.) del país en el que se situa(rá) la empresa —dado que la legislación varía de un sitio a otro— es hoy uno de los mejores medios para protegerse de los eventuales ataques judiciales y actuar de acuerdo a las obligaciones legales. El reglamento con relación a la licencia de armas, por ejemplo, cambia dependiendo del país, y el prudente comerciante que quiera emprender en este sector tendrá que adaptar su comunicación y distribución a la legislación en vigor en el país en cuestión. Un mánager bien informado también puede decantarse por un país u otro en función de los incentivos fiscales.

La siguiente tabla presenta un resumen de las variables macroeconómicas más importantes de las categorías listadas. Esta lista no exhaustiva debe completarse en función del ámbito de la actividad y del país específico de cada empresa.

Ejemplos de las variables macroeconómicas PESTEL

Política

Conflictos, inestabilidad política, guerras, corrupción, grado de intervencionismo del Estado, etc.

Económica

Ciclo económico, tasa de crecimiento, tasa de interés, PIB del país, inflación, imposición, paro, poder adquisitivo, etc.

Sociocultural

Demografía, historia, religión, distribución de ingresos, pirámide de edades, estilo de vida (moda), educación, salud, emigración, comunicación, etc.

Tecnológica

Innovaciones, inversiones en I+D, ciclo técnico, nuevos descubrimientos científicos y patentes, coste de la energía, etc.

Ecológica

Normas ecológicas, energías renovables, cambio climático, concienciación, formación en seguridad, incentivos para el reciclaje, impacto del transporte, etc.

Legal

Legislación del país, jurisprudencia, fiscalidad, seguridad social y jurídica, normativas, etc.

La identificación de los algoritmos de pivote

La principal dificultad que se presenta es la identificación de las variables pertinentes para una empresa específica. Si la selección no se realiza correctamente, corremos el riesgo de encontrarnos con demasiados datos, hasta el punto de no poder dedicar la debida atención a cada uno de ellos. Esto puede comportar que pasen inadvertidas oportunidades o amenazas inminentes. Por esta razón, es esencial identificar los algoritmos de pivote para comprender mejor los aconte-cimientos futuros decisivos para la empresa.

Los algoritmos de pivote son «los factores susceptibles de afectar significativamente la estructura de una industria o de un mercado»[1] (Johnson *et al.* 2008). Por tanto, difieren en función del tipo de industria y del mercado, aunque algunos aseguren que todas las empresas sufren las mismas amenazas, puesto que la globalización de los mercados sigue acentuándose y no paran de surgir nuevas instancias que rigen los negocios internacionales. Además, varían con el paso del tiempo, lo que lleva a que los datos empleados se pongan continuamente en entredicho. Trabajar en un entorno inestable, tanto si se debe a los gustos del consu-midor como a la coyuntura económica, obliga al mánager a pedir o consultar con regularidad estudios de mercado, y también a comprobar sobre el terreno la pertinencia de estas variables.

La construcción de las hipótesis

Una vez recogidos los datos —identificados y clasificados en función de su probabilidad y de su impacto potencial gracias a los algoritmos de pivote—, el mánager tendrá que ela-borar las hipótesis, que representan todas las alternativas posibles para el futuro de la empresa. Por ejemplo, uno de los algoritmos de pivote del sector inmobiliario está direc-tamente relacionado con la tasa de préstamos hipotecarios que permite a los particulares realizar sus inversiones. En este caso, el dirigente de una empresa de construcción ima-

---

1. Cita traducida por 50Minutos.es

ginará diferentes hipótesis: una en la que la tasa aumente ligeramente, una segunda en la que disminuya mucho, una tercera en la que se estanque, etc.

VENTAJAS RELACIONADAS CON LA UTILIZACIÓN DEL MODELO PESTEL

Aunque la intención del análisis PESTEL no sea predecir el futuro, este es útil en la medida en que inicia una discusión proactiva y constructiva sobre el porvenir de la empresa. Un uso pertinente de esta herramienta permite detectar oportunidades y amenazas potenciales para la empresa, lo que puede transformarse rápidamente en una ventaja competitiva significativa. Usar el modelo PESTEL significa privilegiar una visión global, una toma de distancia y una cierta flexibilidad.

El uso de hipótesis resulta particularmente sensato cuando existe un bajo número de algoritmos de pivote que poseen un alto grado de incertidumbre. Los algoritmos de pivote pueden conducir a dos futuros radicalmente diferentes para la empresa, así que le corresponde al mánager identificar correctamente las respuestas que tiene que dar a cada uno de ellos y, sobre todo, detectar su posible contribución al rendimiento del grupo. En función de las distintas hipótesis planteadas, es posible prever las reacciones que hay que adoptar si una de ellas se cumpliera. También es sensato cuantificar cuáles son las probabilidades de que se cumplan cada de las hipótesis. De esta manera, desde hoy mismo y en caso de que se cumpla la hipótesis que se había contemplado como la más probable, se podrán preparar todos los elementos necesarios para que la empresa tenga éxito.

Una vez que las hipótesis están sobre la mesa, el mánager y sus asesores tienen que analizarlas en profundidad para deducir cuántas posibilidades hay de que se cumplan y qué impactos directos tendrían para la empresa.

APLICACIÓN DEL CONCEPTO

CONSEJOS Y BUENAS PRÁCTICAS

La selección de la información y la elaboración

A veces, la recogida de datos macroeconómicos implica tener en cuenta información que no siempre es del todo fiable. Por ello, se aconseja encarecidamente que el mánager contraste los datos en el terreno para verificar su veracidad. En este caso, también es esencial comparar constantemente la información recopilada con los nuevos datos del mercado.

Según la clasificación propuesta antes, parece que muchas variables son interdependientes. De hecho, la imposición de una tasa sobre la contaminación concierne tanto al aspecto legal como al ecológico. De la misma manera, la aparición de una nueva tecnología puede influir ciertos datos económicos y socioculturales de un país. Así, aunque esta propuesta de clasificación resulta útil para el mánager —que debe hacer una selección entre las variables—, no tiene por qué ser respetada al pie de la letra. De ahí que la importancia de clasificar las variables en una categoría u otra sea relativa: reflexionar durante horas para saber si la política fiscal de un país, por ejemplo, concierne en mayor medida al aspecto político, económico o legal no tiene mayor interés. Como esta clasificación sirve principalmente para enumerar de forma estructurada las diferentes influencias de orden macroeconómico de la empresa, la verdadera cuestión radica en la pertinencia de la información y en su potencial impacto en la organización. Para facilitar la selección de la información, también puede ser útil cotejarla con acontecimientos pasados que hayan tenido repercusiones en el sector.

La construcción de hipótesis proporciona una visión global de las futuras posibles situaciones, pero en ningún caso debe realizarse de forma demasiado específica: la ambición del modelo PESTEL no es dictar directrices rigurosas, sino más bien iniciar una reflexión sobre las posibles decisiones estratégicas que se deben tomar en caso de que una situación, contemplada por una de las hipótesis, se produzca. En general, se aconseja elegir un número par de hipótesis (dos o cuatro) para no caer en la tentación de apostar por la hipótesis intermedia.

La aplicación

Existen muchos momentos y situaciones propicias para la elaboración de un análisis PESTEL.

- **El lanzamiento de una nueva empresa.** La realización de un plan de negocios, necesario para convencer a los accionistas de que inviertan en la empresa, requiere el uso de herramientas estratégicas que revelen un análisis profundo del mercado y de su potencial de atractivo. En este marco, un análisis PESTEL puede demostrar al inversor que el entorno macroeconómico propicia el desarrollo de una empresa en el mercado o al menos, si este no es el caso, llamar su atención sobre el hecho de que nos hemos informado sobre las variables de riesgo y que existe una forma de compensarlas.
- **El desarrollo de nuevos productos o el lanzamiento**

de nuevos proyectos. De la misma manera, el análisis PESTEL permite al mánager observar si el entorno está listo para acoger un nuevo producto en el mercado. También puede analizarse en profundidad la decisión de lanzarse a un nuevo proyecto.

- **El cuestionamiento de la organización de la empresa.** Las elecciones que se validaron durante la creación de la empresa pueden verse rápidamente desfasadas frente a la constante evolución de la mayoría de los mercados. Los gustos de la población pueden cambiar rápidamente, la coyuntura económica puede fluctuar, pueden aparecer nuevas tecnologías, etc. Se debe cuestionar constantemente la estrategia de una empresa, efectuando con regularidad actualizaciones de su modelo PESTEL y de otras herramientas de diagnóstico que incluyan los nuevos acontecimientos que hayan ocurrido recientemente.
- **El proceso de decisión de la estrategia *marketing*.** Conocer las variables macroeconómicas de un sector, principalmente en el medio sociocultural, puede resultar crucial para comunicarse apropiadamente con su público. ¿Cuáles son los códigos de una región? ¿Cuál es la historia del país? Todas estas preguntas permitirán evitar costosos errores en tiempo y en dinero a toda empresa que quiera hacer llegar su producto a una parte de la población.

La extrapolación

Las variables recogidas se interpretarán de forma distinta según la experiencia y las vivencias de las personas que las analizan. Un economista no percibirá de la misma forma las implicaciones de un cambio de Gobierno que un jurista o un sociólogo.

Como la interacción de los expertos permite una anticipación óptima de la implicación de una nueva variable identificada, es primordial rodearse de las personas adecuadas.

Del análisis a la práctica

El trabajo realizado con antelación por el análisis PESTEL ayuda al mánager a tomar las decisiones pertinentes sobre el terreno, las que asegurarán la sostenibilidad de la empresa. Tendrán un impacto directo e indirecto en los procesos y en el trabajo del conjunto de los miembros de la organización.

Por consiguiente, es necesario compartir con el conjunto de la empresa las decisiones tomadas en el marco del análisis PESTEL; de esta manera, se conseguirá unir al equipo en torno a una visión común que todos comprenden y asimilan. La adhesión por parte de la organización representa probablemente una de las claves de éxito más importantes de las decisiones engendradas por el análisis PESTEL. Si se logra, será mucho más sencillo implementar las nuevas decisiones en el día a día de la empresa.

ESTUDIO DE CASO

La empresa Bpost

En 1790 aparece el correo municipal en Bélgica, que experimenta un constante desarrollo de sus actividades hasta convertirse en la sociedad anónima Bpost actual. Aunque la reforma de 1963 que obliga a todas las viviendas a tener un buzón da un gran impulso al desarrollo del correo postal, la empresa se enfrenta a nuevos desafíos desde principios de los años 2000: la aparición de nuevos medios de comunicación y la utilización cada vez mayor de Internet han modificado en cierta medida la situación de un sector en el que reinaba el papel. Además, Bpost tenía el monopolio del mercado postal, pero este se abre a la competencia en 2011, lo que cambia por completo los modos operativos a los que Bpost estaba acostumbrado.

En este complicado contexto, la empresa decide lanzar un nuevo servicio en el 2013: el Shop and Deliver o «Bpost sur rendez-vous» («Bpost con cita previa»), cuyo principio reside en la entrega de compras a domicilio por medio de los pedidos realizados previamente en su página de Internet. Para ello, el objetivo de la empresa es realizar colaboraciones con comerciantes ya instalados en el mercado para contentar a un máximo de personas. Bpost aprovecha así la relación de confianza que mantiene desde hace tiempo con las partes interesadas: por un lado, la empresa ofrece ayuda a los comerciantes presentándose como una plataforma de comercio electrónico que les permite llegar a las personas que realizan sus compras en línea y, por otro lado, ofrece a los clientes de correo Bpost beneficiarse de un servicio de entrega de compras a domicilio los días laborables de 17h a 21h. Estos pueden seleccionar su(s) producto(s) por Internet, elegir el lugar de entrega y una franja horaria por un precio único de 9,95 € por paquete.

La realización del análisis PESTEL

Como ya hemos explicado, el uso del análisis PESTEL a la hora de lanzar un nuevo proyecto puede resultar sensato para entender adecuadamente todos los pormenores de las variables macroeconómicas futuras. En el caso que nos interesa, las variables pertinentes seleccionadas para este análisis hacen referencia al lanzamiento del proyecto Shop and Deliver que Bpost quiere poner en marcha.

Variables macroeconómicas pertinentes para Bpost

Política

- Supresión de las ayudas relacionadas con servicios de interés general
- Reestructuración de empresas públicas
- ¿Estabilidad gubernamental belga?

Económica

- Crisis económica y bajada del volumen del correo nacional
- Estancamiento del crecimiento económico
- Exigencias debidas a la cotización en bolsa (2013)

Sociocultural

- Predominancia de los actores sociales (sindicatos) en el sector
- Uso en aumento de las nuevas tecnologías (smartphones, tabletas, etc.)
- Choque generacional entre los baby boomers y la generación Y
- Envejecimiento de la población
- Evolución de los hábitos de trabajo

Tecnológica

- Aumento del comercio electrónico
- Automatización y robotización
- Desarrollo de nuevos centros de selección

Ecológica

- Necesidad de ser responsable a nivel de la sociedad
- Mala imagen del soporte en papel como medio de comunicación
- Clasificación asignada por la International Environmental Post Corporation

Legal

- Endurecimiento de las leyes antimonopolio
- Apertura del mercado postal a la competencia (1 de enero de 2011)
- Obligaciones legales consecutivas para la cotización del NYSE-Euronext
- Fijación de la tarifa de los sellos

La creación de las hipótesis

Cuando el mánager ha identificado las principales incógnitas, imagina diferentes hipótesis para anticipar la posible evolución de las variables y su posible impacto en la empresa. Debido al gran número de variables recogidas para este estudio de caso, nos concentraremos en la creación de cuatro hipótesis relacionadas con las variables socioculturales.

El triunfo del proyecto no solo se debe a la acogida del servicio por parte del público, sino también al aumento de las ventas realizadas a través del comercio electrónico. El cumplimiento de estas dos condiciones descansa en un cierto número de elementos imponderables, por lo que es indispensable proponer diferentes hipótesis. La siguiente tabla presenta diferentes hipótesis de evolución de la empresa en función de la realización de las variables.

Hipótesis de posibles futuros para la empresa Bpost

	Aumento de las ventas por comercio electrónico	Disminución de las ventas por comercio electrónico
El público acepta	Éxito total	Éxito moderado
El público rechaza	Gran frustración	Fracaso absoluto

Además, la empresa puede imaginarse todas las posibilidades y, por consiguiente, el mánager debe estar preparado para reaccionar lo mejor posible a cada hipótesis y prever soluciones adaptadas en el caso de que una de ellas se cumpla.

Conclusión

- En conclusión, aunque Bpost siga siendo una empresa mayoritariamente en manos del Estado belga, con el tiempo ha ganado en autonomía y hoy en día no puede vivir de las ayudas públicas ni de los logros del pasado, por lo se ve incitada a ser altamente competitiva.
- Debido a varios factores desfavorables, su actividad principal sufre, por un lado, por culpa de una imagen desvalorizada y, por otro, por una disminución de la actividad. Por ello, le interesa valerse de avanzadas herramientas tecnológicas y de su rentabilidad (17,96 % de margen de BAII normalizado en 2013) para desarrollar una serie de diversificaciones estratégicas como «Bpost sur rendez-vous» con el fin de prepararse para el cambio de estilo de vida de los consumidores que optan cada vez más por el comercio electrónico para realizar sus compras.
- Shop and Deliver ofrecerá a la empresa un ingreso suplementario que le permitirá diversificar sus fuentes de ingreso. La dirección también validó la propuesta de proyecto y, tras una fase de desarrollo, el proyecto está en marcha bajo un nuevo nombre: «combo».
- A pesar de que el uso del modelo PESTEL es completamente pertinente en este caso, sigue siendo insuficiente. El análisis debe completarse con un estudio exhaustivo de los puntos fuertes y débiles de la empresa para constatar sus ventajas principales en su búsqueda de integración en su entorno y de rentabilidad: las amenazas y oportuni-

dades (<u>análisis DAFO</u>) y la apertura del mercado postal a la competencia (<u>5 (+1) fuerzas de Porter</u>) tendrán que ser debidamente examinadas para no olvidar ningún aspecto y obtener las mejores previsiones posibles.

REPERCUSIONES

LÍMITES Y CRÍTICAS DEL MODELO

Aunque la mayoría de los mánagers en activo lo aprecien, lo cierto es que el modelo PESTEL, —al igual que otros modelos estratégicos—, también tiene unos límites inherentes a su uso.

- **Una visión global relativa.** Uno de los principales límites deriva de una de sus ventajas más apreciadas: al tratar de cubrir un largo espectro de variables macroeconómicas, el mánager puede verse rápidamente desbordado por la cantidad de información a la que se enfrenta. Existe una gran diferencia entre subrayar la importancia de seleccionar las variables macroeconómicas pertinentes y aplicarlas en la práctica. Llegados a cierto punto, todas las variables parecen importantes y el número de hipótesis que prever es tal que incluso a Steve Jobs le costaría sacar conclusiones pertinentes. Ser competente no siempre basta para identificar los algoritmos de pivote. A veces también hay que tener intuición y ser capaz de ponerla a prueba, por ejemplo, rodeándose de un equipo pluridisciplinario que pueda desarrollar una inteligencia colectiva y, sobre todo, contar con una buena dosis de suerte. No obstante, también es posible conseguir esta visión global a través de un trabajo riguroso y de un análisis transversal.
- **Hipótesis poco fiables.** La práctica suele ser diferente de la teoría: las previsiones no siempre coinciden con la realidad. Desde este punto de vista, la herramienta parece

útil, pero no es cien por cien fiable.

- **Una falta de objetividad.** Nos damos cuenta de que un gran número de mánagers favorecen el establecimiento de tres hipótesis distintas para un algoritmo de pivote: una hipótesis optimista, una pesimista y una que se sitúa entre ambas. Aunque parece que con esta táctica el mánager es lo más objetivo posible en la elaboración de su estrategia, lo cierto es que suele verse obligado a dejar de lado las dos primeras en beneficio de la hipótesis intermedia. Entonces, ¿para qué sirve plantear varias hipótesis si al final solo se preocupa por una de ellas?
- **Un impacto imposible de calcular.** Cabe señalar que, aunque gracias a este modelo es posible determinar los grandes cambios macroeconómicos que podrían alterar el mercado, el impacto específico de estas variables en el sector es difícil de determinar y aún más de cuantificar.

EXTENSIONES Y MODELOS ANÁLOGOS

Dado que el modelo PESTEL solo concierne a uno de los tres estratos del entorno de la organización, un análisis basado únicamente en estas variables no podría considerarse pertinente en el establecimiento de una estrategia para la empresa.

El análisis PESTEL puede parecer en un primer momento interesante a la hora de identificar las grandes tendencias del macroentorno; sin embargo, debe completarse con otras herramientas que estudien con más detalle el entorno cercano de la organización, es decir, el microentorno: el sector de actividad (*industry* en inglés), la competencia directa, etc. Situados al final del proceso, el modelo de las 5 (+1) fuerzas de Porter y el análisis DAFO sirven para completar la reflexión de una estrategia empresarial.

Las 5 (+1) fuerzas de Porter

El modelo de las 5 (+1) fuerzas de Porter, desarrollado por el profesor estadounidense Michael Porter en 1979, permite observar el atractivo de una industria y deducir sus comportamientos competitivos. El modelo se basa en la noción de ventaja competitiva. Por ello, le corresponde al mánager observar las principales fuerzas de la competencia en la industria para comprender y evaluar mejor el poder de todos los competidores actuales y potenciales.

¿QUÉ ES LA VENTAJA COMPETITIVA?

El concepto de ventaja competitiva se basa en «el conjunto de características o ventajas que posee un producto o una marca y que le dan una cierta superioridad sobre sus competidores inmediatos. Estas características o ventajas pueden ser de naturaleza variada y referirse al propio producto [...], a los servicios necesarios o añadidos que acompañan al servicio de base, o a las modalidades de producción, de distribución o de ventas propias del producto o de la empresa»[2] (Lambin y De Moerloose 2008).

Estas fuerzas representan:

---

2. Cita traducida por 50Minutos.es

- el poder de negociación de los proveedores;
- el poder de negociación de los clientes;
- la amenaza de nuevos entrantes;
- los productos de sustitución;
- la competencia intersectorial;
- el papel del Estado (popularizado más tarde).

Las cinco (+1) fuerzas de Porter

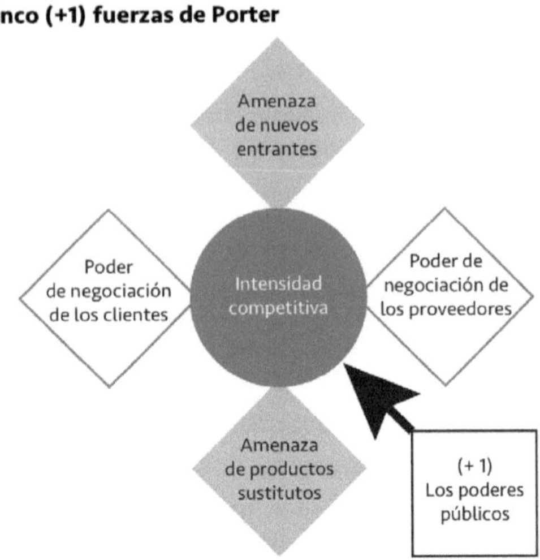

Al mánager le corresponde la tarea de evaluar las fuerzas
en conflicto: el objetivo es determinar el atractivo actual
y futuro del sector, es decir, las perspectivas de desarrollo
y de rendimiento de su empresa. En general, el modelo de
las 5 (+1) fuerzas de Porter se completa con la identificación
de los factores clave de éxito que permitirán a la empresa

desarrollarse de forma óptima.

El análisis DAFO

El análisis DAFO, desarrollado en los años sesenta por varios profesores de la Escuela de Negocios de Harvard, pretende seleccionar las principales conclusiones de los factores de atención relacionados con las características de la empresa y de su entorno. La denominación del modelo resulta del acrónimo formado por «debilidades», «amenazas», «fortalezas» y «oportunidades». De esta forma, conviene que el responsable enumere los principales puntos fuertes y débiles de su empresa y que sea consciente de las oportunidades y amenazas que pesan sobre el sector.

El interés del análisis DAFO recae más en las conclusiones que en la enumeración de las características de la empresa y del sector. Dichas conclusiones le proporcionarán al mánager nuevos puntos de enfoque y de reflexión que permitirán que pueda elaborar —tanto a nivel del entorno interno como del externo— una estrategia adaptada para la empresa.

HACIA UNA CONVERGENCIA DE LOS MODELOS

Un mánager con experiencia comprenderá rápidamente que es interesante el uso complementario de estos modelos. De hecho, aunque estos pueden resultar útiles por separado, lo cierto es que las principales decisiones estratégicas racionales nacen a través de los intercambios y cotejos de información entre ellos.

El análisis del entorno comprende varias etapas durante las que la realización de varios modelos influirá en la construcción de los siguientes. Aunque sea algo que se repite inoportunamente cuando recabamos datos, el análisis del entorno es indispensable para toda empresa que quiera mantener una ventaja competitiva duradera.

Convergencia de los modelos

	DEBILIDADES	AMENAZAS	FORTALEZAS	OPORTUNIDADES
Política				
Ecológica				
Sociocultural				
Tecnológica				
Económica				
Legal				

EN RESUMEN

- Las primeras huellas del análisis PESTEL aparecen en 1967 en la obra *Scanning the Business Environment* del profesor Francis J. Aguilar, y lo hacen bajo la denominación «ETSP». Será estudiado y desarrollado por numerosos autores, y se transformará en el modelo PESTEL, nombre con el que lo conocemos hoy en día.
- Los principales objetivos del análisis PESTEL son clasificar las variables macroeconómicas en seis categorías —(P) política, (E), económica, (S) sociocultural, (T) tecnológica, (E) ecológica y (L) legal— y, gracias a ello, tomar una distancia necesaria para prever y asegurar el futuro de una empresa específica.
  - La observación de estos datos permite comprender en qué entorno evoluciona o evolucionará la empresa. Se trata de una visión global y macroeconómica, válida para todas las empresas.
  - La principal dificultad del modelo reside en la selección de las variables pertinentes de la empresa analizada. Su colecta lleva a la identificación de los algoritmos de pivote, que se considera que tienen una influencia crucial en el buen desarrollo de la empresa, pero cuya realización permanece hoy incierta.
  - Tanto al comienzo de la fase de puesta en marcha de una empresa como del lanzamiento de nuevos productos o proyectos, de la reorganización de la empresa o de cambios inminentes en el entorno, el análisis PESTEL facilita información significativa sobre los algoritmos de pivote intrínsecos a una situación

determinada. De esta forma, apoyándose en estas observaciones, el responsable elaborará un cierto número de hipótesis (preferentemente un número par) basadas en la información recabada. Su objetivo es anticiparse mejor a las posibles situaciones futuras a las que pueda enfrentarse su empresa y prever las soluciones para garantizar lo mejor posible su sonstenibilidad y su futuro.

- El análisis PESTEL permite emprender una discusión proactiva sobre el futuro de la empresa, basada en variables macroeconómicas previamente recogidas.

- Es interesante utilizar el análisis PESTEL como herramienta única, pero resulta insuficiente. El modelo de las 5 (+1) fuerzas de Porter y el análisis DAFO pueden ser una ayuda útil a la hora de analizar el entorno de la empresa (microentorno).

- El caso de la empresa Bpost demuestra la importancia de analizar si el contexto se presta al lanzamiento de un nuevo proyecto cuando la empresa se enfrenta a un entorno cambiante.

- Finalmente, cabe recordar que, aunque no pueda predecir con seguridad cómo será el futuro, el modelo PESTEL es una valiosa herramienta que permite a las empresas identificar las grandes tendencias para prepararse mejor y defender sus ventajas competitivas.

PARA IR MÁS ALLÁ

FUENTES BIBLIOGRÁFICAS

- Agence Wallonne de Télécommunication, *"L'e-commerce 2013 en Wallonie"*, 2013. Consultado el 11 de mayo de 2015. http://www.awt.be/web/dem/index.aspx?page=dem,fr,b13,ent,050
- Bpost. 2013. *Bpost rapport annuel 2012*. Bruselas.
- Curau, Laurant. 2012. "Avantages concurrentiels: les cinq forces de Porter". *Cafedelabourse.com*. 23 de abril. Consultado el 11 de mayo de 2015. https://www.cafedelabourse.com/dossiers/article/avantages-concurrentiels-les-5-forces-de-porter#
- Dcosta, Amanda. 2011. "PESTLE Analysis, History and Application". *Bright Hub Project Management*. 19 de mayo. Consultado el 11 de mayo de 2015. http://www.brighthubpm.com/project-planning/100279-pestle-analysis-history-and-application/
- Duguay, Benoit. 2014. "La capacité stratégique". *UQAM*.
- Kashi, Kateřina e Iveta Dočkalíková. 2014. "MCDM Methods in Practice: Determining Importance of PESTEL Analysis Criteria". *International Days of Statistics and Economics*, Praga. 11-13 de septiembre. Consultado el 11 de mayo de 2015. http://msed.vse.cz/msed_2014/article/362-Dockalikova-Iveta-paper.pdf
- Johnson, Gerry, Kevan Scholes, Richard Whittington y Frédéric Fréry. 2008. *Stratégique*, 8.ª edición. París: Pearson éducation.
- Lambin, Jean-Jacques y Chantal de Moerloose. 2008. *Marketing stratégique et opérationnel. Du marketing à*

l'orientation de marché, 7.ª edición. París: Dunod.

- Lopez, Florian. 2001. "L'analyse PESTEL". *Actinnovation*. 2 de octubre. Consultado el 11 de mayo de 2015. http://www.actinnovation.com/innobox/outils-innovation/analyse-pestel
- Nadkarni, Sucheta y Vadake K. Narayanan. 2007. "Strategic Schemas, Strategic Flexibility, and Firm Performance: The Moderating Role of Industry Clockspeed". *Strategic Management Journal*, vol. 28, n.º 3, 243-270.
- Porter, Michael E. 2008. "The Five Competitive Forces That Shape Strategy". *Harvard Business Review*, vol. 86, n.º 1, 25-40.
- Post & Parcel. "Bpost Extends Same-Day Home Delivery Trials", 2012. Consultado el 11 de mayo de 2015. http://postandparcel.info/52078/news/companies/bpost-extends-same-day-home-delivery-trials/
- Srivastava, Rajendra K., Liam Fahey y H. Kurt Christensen. 2014. "The Resource-Based View and Marketing: The Role of Market-Based Assets in Gaining Competitive Advantage". *Journal of Management*, diciembre, vol. 27, n.º 6, 777-802.
- Pestleanalysis.com, "What is Pestel Analysis?", 2014. Consultado el 11 de mayo de 2015. http://pestleanalysis.com/

FUENTES COMPLEMENTARIAS

- Aguilar, Francis J. 1967. *Scanning the Business Environment*. Nueva York: Macmillan.
- "Analyse SWOT des principaux groupes français". *Andil*

- *Trader Inside.* Consultado el 11 de mayo de 2015. http://www.andlil.com/analyses-swot/
- Silva, Nishadha. 2012. "SWOT Analysis vs PEST Analysis and When to Use Them". 27 de marzo. Consultado el 11 de mayo de 2015. http://creately.com/blog/diagrams/swot-analysis-vs-pest-analysis/
- Página oficial de Bpost. Consultado el 25 de noviembre de 2016. http://www.bpost.be/fr/home
- Página oficial de Happycapital. Consultado el 25 de noviembre de 2016. http://www.happy-capital.com/
- Voyant, Olivier. 2010. "Contribution à l'identification d'une cartographie de l'environement externe: cas d'une PME familiale Belge". Conferencia de AIMS Luxembourg. Consultado el 11 de mayo de 2015. http://www.strategie-aims.com/events/conferences/2-xixe-me-conference-de-l-aims/communications/151-contribution-a-lidentification-dune-cartographie-de-lenvironnement-externe-cas-dune-pme-familiale-belge/download
- Yüksel, Ihsan. 2012. "Developing a Multi-Criteria Decision Making Model for PESTEL Analysis". *International Journal of Business and Management*, vol. 7, n.° 24.
- Walsh, Philip R. 2005. "Dealing With The Uncertainties of Environmental Change by Adding Scenario Planning to The Strategy Reformulation Equation". *Management Decision*, vol. 43, n.° 1, 113-122.

© **en50Minutos.es, 2017. Todos los derechos reservados.**

www.en50Minutos.es

ISBN ebook: 9782806276476

ISBN papel: 9782806285676

Depósito legal: D/2016/12603/503

Libro realizado por Primento, *el socio digital de los editores*